BERQUIN

OU

L'AMI DES ENFANS,

COMÉDIE

EN UN ACTE, EN PROSE, MÊLÉE DE VAUDEVILLES,

Représentée, pour la première fois, sur le théâtre du Vaudeville. le 16 frimaire an X.

PAR LES C^ens J. N. BOUILLY ET JOSEPH PAIN.

Berquin donne, au siècle où nous sommes,
L'exemple des soins bienfaisans :
Il est vraiment l'ami des hommes,
Comme il est *l'Ami des Enfans.*

BERQUIN, *scène dernière.*

A PARIS,

Chez BARBA, libraire, palais du Tribunat, galerie derrière le théâtre Français, N°. 51; et galerie de bois, côté du jardin, près du même théâtre, N°. 264.

AN X. — 1802.

PERSONNAGES.	ACTEURS.
BERQUIN,	VERTPRÉ.
RENAUD, propriétaire de l'hôtel du Croissant,	CHAPELLE.
ALEXANDRIN, poëte tragique,	LENOBLE.
Mad. PAUL, ouvrière en dentelles,	Mad. HENRI.
JULES, son fils,	MINETTE.
CASIMIR, } enfans du voisinage,	FRÉDÉRIC-BLOSSEVILLE.
AUGUSTE, } enfans du voisinage,	CAROLINE.

La scène est à Paris rue et hôtel du Croissant.

COUPLET D'ANNONCE.

Air du vaudeville d'Arlequin Afficheur.

En lisant *l'Ami des Enfans*,
On vous a vu pleurer et rire:
Berquin forma vos jeunes ans,
Vous amusa pour vous instruire.
Par ma voix il vient aujourd'hui
Réclamer votre bienveillance;
Daignez acquitter envers lui
La dette de l'enfance.

BERQUIN,

COMÉDIE-VAUDEVILLE.

Le théâtre représente un jardin, aux deux côtés duquel sont des bâtimens. A gauche est un pavillon; au-dessus une mansarde. Au rez-de-chaussée une fenêtre dont la jalousie est entr'ouverte; au-dessous un banc de gazon. A droite et vis-à-vis est censée l'entrée de l'hôtel par la rue. Le fond est terminé par un mur de six pieds et demi environ, et derrière lequel s'élèvent quelques arbres, çà et là des sièges de jardin.

SCENE PREMIERE.

RENAUD, *seul, en bonnet de velours noir et en pantoufles, venant par la droite.*

Faisons un tour de jardin... Encore un pommier cassé! maudits enfans, je saurai bien vous empêcher de revenir... Mais calculons un peu l'argent que je vais recevoir des différens appartemens de mon hôtel garni : c'est demain le premier du mois... Ah! que c'est long à venir! *(Il met ses lunettes, et tire de sa poche un agenda.)* D'abord, au rez-de-chaussée, *(Il le désigne.)* monsieur Berquin... quarante-cinq livres. Il paie toujours d'avance... Au premier... c'est de l'argent sûr. Au second, madame Paul, ouvrière en dentelles... dix-huit francs; plus, pour le petit cabinet de son fils Jules, cinquante sous. Jolie veuve, des mœurs, de l'économie, par conséquent de l'exactitude dans ses paiemens. Enfin, dans cette mansarde, *(Il la désigne.)* monsieur Alexandrin, poëte tragique, n'ayant pour vivre que le produit de ses ouvrages... dans l'arriéré... C'est le premier crédit que je fais de ma vie; gardons-nous bien d'en prendre l'habitude.

Air du vaudeville de l'Opéra Comique.

Je me nourris à peu de frais,
J'épargne beaucoup sur ma mise,
Et je place à bons intérêts
Tous les fonds que j'économise.
Mais l'avarice me déplaît,
Et contre elle je me déclare :
J'ai toujours pensé que rien n'est
Si vilain qu'un avare.

A des sentimens généreux,
Mon ame jamais ne résiste,
Et quand je vois un malheureux,
Je lui dis : que Dieu vous assiste.
J'admire et j'approuve tout bas
Un être bienfaisant qui donne :
Mais, pour ne point faire d'ingrats,
Je ne donne à personne.

Cependant je crains bien que monsieur mon fils ne m'occasionne encore de la dépense... même après sa mort : sa veuve et son fils me tomberont quelque jour sur les bras... Mais ne pensons qu'à mes rentrées : songeons d'abord à presser monsieur Alexandrin de me donner au moins un à-compte... Justement le voici.

SCENE II.

RENAUD, ALEXANDRIN, *sortant du pavillon.*

RENAUD.

Hé bien, voisin, vous êtes matinal aujourd'hui.

ALEXANDRIN, *sans voir Renaud, et composant d'un air inspiré.*

Pour annoncer au monde un forfait qu'il ignore,
J'ai quitté mon palais, et devancé l'aurore.

RENAUD.

(A part.) Il ne m'entend pas. *(Haut.)* Vous savez que c'est demain qu'échoit le troisième mois...

A L E X A N D R I N, *de même.*

Non, non, plus de délais...

R E N A U D, *à part, se frottant les mains.*

Ah! bon.

A L E X A N D R I N, *continuant.*

Il en coûte à mon cœur,
Mais il faut acquitter la dette de l'honneur.

R E N A U D.

Vous me devez soixante livres quatorze sous.

A L E X A N D R I N, *de même.*

Les trésors de l'Asie, et tout l'or du Mexique...

R E N A U D, *impatienté.*

Il s'agit bien de Mexique! *(Lui criant dans l'oreille.)* Monsieur Alexandrin...

A L E X A N D R I N, *avec dignité.*

Ah! c'est vous, mon cher monsieur Renaud.

R E N A U D.

Moi-même, qui vous demande très-instamment de me payer demain les trois mois...

A L E X A N D R I N.

Demain les calendes d'Auguste de la première olympiade de mon arrivée à Paris.. c'est fort juste.

R E N A U D.

Et j'aurai mon argent...

A L E X A N D R I N.

Dans une heure.

R E N A U D.

Comment cela?

A L E X A N D R I N.

Vous savez que l'on a représenté, pour la première, fois sur le théâtre Français, ma tragédie de Numa Pompilius... je vous ai donné un billet.

RENAUD.

Elle eut un succès tout à fait agréable.

ALEXANDRIN.

J'en étais sûr.

RENAUD.

Et vous comptez...

ALEXANDRIN.

Aller de ce pas chez le caissier toucher ma part d'auteur. *(Avec emphase.)* Argent légitime et sacré ! qu'il est beau de ne devoir qu'à son génie sa fortune et son indépendance !!

RENAUD.

Indépendance, soit : mais pour la fortune...

AIR : *Si Pauline est dans l'indigence.*

De vos rentiers de l'Hippocrène,
J'ai vu souvent baisser les fonds :
Souvent Thalie et Melpomène
Nourrissent mal leurs nourrissons.
Hélas ! du temple de mémoire,
Lorsqu'on prend à jeun le chemin,
On oublie, en vivant de gloire,
Qu'on risque de mourir de faim.

ALEXANDRIN.

Propos vulgaires inventés par l'ignorance et l'envie, et que méprise le vrai talent. Pour vous détromper, mon très-cher hôte, je pourrais descendre jusqu'à des preuves, et vous citer monsieur Berquin, qui ne doit l'aisance dont il jouit qu'à ces petits romans enfantins, à ces fadaises périodiques dont il inonde tout Paris. Si un feseur d'idylles est caressé par la fortune, je vous laisse à juger si un poëte tragique a droit à ses faveurs !

RENAUD.

Cependant j'entends dire partout que monsieur Berquin a beaucoup de talent, et, certes, sa réputation en vaut bien d'autres.

ALEXANDRIN.

Oseriez-vous le comparer à moi?

AIR : *Trouverez-vous un parlement.*

De grâce, mon cher, jugez mieux
Entre nous quelle est la distance :
Je m'entretiens avec les dieux;
Il balbutie avec l'enfance.
Fier de ses hochets, il prétend
Au Pinde obtenir une place...
Déjà *la palme* qui m'attend
S'élève au sommet du Parnasse.

RENAUD.

Je veux bien croire à votre mérite; mais il ne détruit pas celui de monsieur Berquin. Ses ouvrages sont très-recherchés, et surtout se vendent bien; il n'y a pas un père de famille qui ne se les procure pour ses enfans. Ça vous les rend soumis, économes; ça vous les instruit, sans qu'ils s'en aperçoivent; ça vous épargne des maîtres qui sont si chers à présent. Moi-même, qui n'ai jamais acheté un livre de ma vie, si j'avais un enfant, je pourrais me déterminer à faire la dépense des œuvres de monsieur Berquin... à moins que, demeurant chez moi, il ne voulût me faire l'honnêteté d'un exemplaire.

ALEXANDRIN.

Il en offrit un l'autre jour à madame Paul, votre jolie locataire.

RENAUD.

Il aime beaucoup son fils.

ALEXANDRIN.

Je crois qu'il aime encore plus la mère.

RENAUD.

Ecoutez donc... elle en vaut bien la peine.

ALEXANDRIN.

A qui le dites-vous, monsieur Renaud?

RENAUD.

Vous en tenez aussi, monsieur Alexandrin.

ALEXANDRIN, *déclamant*

Qui pourrait résister à cette figure charmante!

RENAUD.

Elle m'a soigné dans ma dernière maladie.

ALEXANDRIN, *de même.*

A cette voix mélodieuse et caressante!

RENAUD.

Elle m'a épargné les frais d'une garde.

ALEXANDRIN, *de même.*

A ce maintien noble et imposant!

ARNAUD.

Tous les matins elle me fait mon café.

ALEXANDRIN, *de même.*

A cette grâce irrésistible!

RENAUD.

Elle me blanchit *gratis* mes cols de bazin et mes bouts de manche.

ALEXANDRIN, *plus emphatique.*

C'est l'aurore d'un beau jour de printems! c'est un lys entouré de roses naissantes! Oui, Praxitèle l'eût choisie pour modèle de sa Vénus, et Zeuxis lui-même...

RENAUD.

Vous oubliez le caissier de la Comédie Française.

ALEXANDRIN.

Vous avez raison : j'y vais.

RENAUD.

Je vous attends avec impatience. Puissiez-vous en rapporter

« Les trésors de l'Asie, et tout l'or du Mexique! »

(*Alexandrin sort. On aperçoit Jules sortant du pavillon, un livre à la main: il va s'asseoir sur le banc de de gazon.*)

Qu'il est plaisant avec son aurore et ses roses naissantes !... Mais n'oublions pas les détails de ma maison. *(Il rentre chez lui.)*

SCENE III.

JULES, *lisant;* MADAME PAUL, *sortant du pavillon, un carton sous le bras.*

Mad. PAUL, *cherchant.*

Jules?... Jules?... Ah, le voilà : toujours lisant M. Berquin.

JULES, *lisant.*

« Un pauvre capitaine est tombé de cheval en revenant de « l'armée. *Le petit Grandisson* panse lui-même sa blessure, sou- « tient sa tête dans ses mains... » Oh ! comme il a bien soin de lui ! *(Il s'essuie les yeux.)* « Le vieil officier revient à « la vie; son premier regard est pour son jeune libérateur... » O mon bon ami Berquin, que je voudrais ressembler à ton *petit Grandisson !*

(Il continue à lire sans voir sa mère.)

Mad. PAUL.

AIR: *Femmes, voulez-vous éprouver.*

Des enfans ami généreux,
Par tes écrits leur cœur s'épure :
Berquin, ta naissance pour eux
Fut un bienfait de la nature.
Tu sais diriger leurs penchans :
Ah! pour nous quelle différence,
Si de tant d'ingrats, de méchans
On t'avait confié l'enfance!

JULES, *apercevant sa mère, et remettant son livre dans sa poche.*

Te voilà, maman... Où vas-tu donc?

Mad. PAUL.

Reporter cet ouvrage que j'ai fini hier soir.

JULES.

Tu as veillé bien tard, n'est-ce pas?

Mad. PAUL.

Aussi me reposerai-je aujourd'hui.

JULES.

Oh! tu en as grand besoin.

Mad. PAUL.

Jules, as-tu vu monsieur Renaud?

JULES.

Oui, maman.

Mad. PAUL.

As-tu été lui souhaiter le bonjour?

JULES.

Oui, maman.

Mad. PAUL, *avec un intérêt gradué.*

Et t'a-t-il embrassé?

JULES.

Tu sais qu'il n'aime pas les enfans.

Mad. PAUL.

Aime-le, toi. Ne fais jamais rien qui puisse lui déplaire... Un jour, peut-être... Respecte-le, mon fils; c'est ta mère qui t'en prie.

JULES.

Oh! pour le respecter, c'est très-facile; mais...

Air du vaudeville d'Angélique et Melcour.

L'aimer... je le voudrais en vain,
Et mon embarras est extrême:
Toi, puis mon bon ami Berquin,
Voilà, voilà tout ce que j'aime.
Oui, je remplirai, si je peux,
Les devoirs que ta voix me trace:
Mais dans mon cœur, après vous deux,
Maman, je n'ai plus de place.

Mad. PAUL.

Je te le dis encore, Jules, sois prévenant pour M. Renaud.

JULES.

Il est si brusque !... Je gagerais bien qu'il n'a jamais eu d'enfans.

Mad. PAUL.

Tu te trompes : il eut un fils, *(A part.)* dont le souvenir... Tes petits amis, Auguste et Casimir, ne sont pas encore venus?

JULES.

Ils ne tarderont pas : c'est aujourd'hui la fête de notre bon ami.

Mad. PAUL.

Aujourd'hui...

JULES.

Oui : et nous voudrions...

Mad. PAUL.

Hé bien?

JULES.

Lui faire un petit cadeau.

Mad. PAUL.

Qui vous en a donné l'idée?

JULES.

Moi, maman... Mais pour cela il nous faudra boursiller.

Mad. PAUL.

Et tu n'as pas d'argent?

JULES.

Je n'ai rien du tout.

Mad. PAUL.

Tiens...

JULES.

Un écu de trois livres ! et tu me permets de tout dépenser?

Mad. PAUL.

Oui, tout pour monsieur Berquin... Adieu ; je ne serai pas long-tems à revenir... Tu seras bien sage?

JULES.

Oui, oui. *(Madame Paul s'éloigne.)* Mais attends donc ; tu oublies quelque chose.

Mad. PAUL.

Quoi donc? *(Jules se jette dans ses bras.)* Ah! *(Elle l'embrasse.)* Adieu. Tu ne sortiras pas que je ne sois revenue.

SCENE IV.

JULES, *seul.*

Serrons bien mon argent, de crainte de le perdre. Un écu de trois livres! Auguste sera bien étonné en me voyant si riche! et Casimir donc!... Son père, portier de *l'hotel d'Uzès* ici tout près, ne lui donne guère d'argent... Mais les voici.

SCENE V.

JULES, AUGUSTE, CASIMIR.

AUGUSTE.

Bonjour, Jules.

JULES.

Bonjour, Auguste. Te voilà, Casimir... Oh! comme il a l'air fâché!

AUGUSTE.

C'est que son père l'a battu.

JULES.

Encore?

CASIMIR, *avec caractère.*

Sûrement il m'a battu; mais je n'ai pas pleuré.

JULES.

Tu es si mauvaise tête!

AUGUSTE.

[illegible] ! ça...

CASIMIR.

Pour cette fois je n'avais pas tort... eh! non, je n'avais pas tort!... Mon père avait passé la soirée au cabaret... comme à son ordinaire.

AIR : *J'n'avions pas encor'quatorze ans.*

Il revenait à la maison,
Et minuit sonnait à l'horloge;
Il frappe, il fait un carillon
A réveiller tout le canton :
Mais moi, qui dormais dans la loge,
Je n'ai point tiré le cordon.
Il passe la nuit à la porte :
Mais ce matin comme il s'emporte!
Mon père, hélas! quand il a bu,
Est d'une humeur insupportable :
Ce n'est qu'à jeun qu'il est traitable;
Aussi je suis toujours battu.

AUGUSTE.

Il faut convenir que ton père est bien terrible!

CASIMIR.

Oh! il ne me battra plus : j'ai pris mon parti!

JULES.

Comment donc?

CASIMIR.

AIR : *Mon père était pot.*

Aujourd'hui je quitte Paris,
Où l'on me cherche noise.
Je veux voir beaucoup de pays :
J'irai... jusqu'à Pontoise.
Vous m'escorterez,
Vous me conduirez
Tous deux à la barrière :
Là, nous pleurerons,
Puis nous mangerons
Des gâteaux de Nanterre.

SCENE VI.

LES PRÉCÉDENS, BERQUIN, *entr'ouvrant sa jalousie.*

BERQUIN, *à part.*

Les voici : écoutons.

JULES, *à Casimir.*

Comment ! tu voudrais quitter ton père ?

CASIMIR.

Rester pour être battu... pas si bête ! Allons, partons.

BERQUIN, *à part.*

Qu'entends-je !

AUGUSTE.

Je ne t'accompagnerai pas, moi ; je serais grondé.

JULES.

Et qui souhaiterait la fête à notre bon ami Berquin ?

CASIMIR.

Ah ! tu as raison ; je l'avais oublié.

AUGUSTE.

Tu sais bien que nous étions convenus de lui faire un petit cadeau.

CASIMIR.

J'en veux être aussi... Ne pas fêter monsieur Berquin !... Je ne partirai qu'après. Voyons, que lui donnerons-nous ?

JULES.

Asseyons-nous sur ce banc ; nous causerons plus à notre aise.

(Ils vont s'asseoir sur le banc de gazon, au-dessous de la fenêtre de Berquin. Celui-ci se retire pour n'être pas vu, et reparaît aussitôt que les enfans se sont placés.)

JULES.

Nous y voilà.

AIR : *Je suis un chasseur plein d'adresse.*

Tâchons de choisir une offrande
Qui lui prouve notre amitié.

CASIMIR.

Je propose un gâteau d'amande :
Nous en mangerons la moitié.

AUGUSTE.

Non, non : des fleurs en abondance.

CASIMIR.

Un souvenir.

AUGUSTE.

Bon !

JULES.

Moi, je pense
Que tout cela ne convient pas.

CASIMIR.

Moi, je suis pour un bon repas.

JULES.

Point de gâteau, point de repas.

CASIMIR.

Pourquoi donc ?

AUGUSTE et JULES.

Nous ne voulons pas.

TOUS TROIS.

Nous voilà bien dans l'embarras.

BERQUIN, *à part.*

AIR : *Va-t-en voir s'ils viennent, Jean.*

Grands dieux ! qui ne serait pas
L'ami de l'enfance !

JULES.

Eh ! mais.... attendez donc....

SECOND COUPLET.

Hier, dans le bois de Vincenne,
Je me promenais avec lui :

Il a perdu son la Fontaine ;
Il faut le lui rendre aujourd'hui.

CASIMIR.

Tous trois faisons cette dépense.

AUGUSTE.

Mais consultons notre finance.

JULES.

Mes chers amis, parlons plus bas.
(Tirant l'écu de sa poche.)
Trois livres.

AUGUSTE, *de même.*

Trente sous, hélas !

CASIMIR, *de même.*

Trois livres aussi.

JULES.

Dans ce cas,
Nous voilà sortis d'embarras.

TOUS TROIS.

Nous voilà sortis d'embarras.

BERQUIN, *à part.*

AIR : *Va-t'en-voir....*

Grands dieux ! qui ne serait pas
L'ami de l'enfance!

(Les enfans se lèvent. Berquin referme sa jalousie.)

SCENE VII.

JULES, AUGUSTE, CASIMIR.

JULES.

Voilà qui est bien convenu, les fables de la Fontaine.

CASIMIR.

Où ça se trouve-t-il ça ?

AUGUSTE.

Pardi ! chez mon cousin le libraire, au coin de la rue de Cléry... tu sais bien.

JULES.

Bonne idée ! Tiens, Auguste, voici les fonds.

CASIMIR.

Il faut lui dire qu'il nous fasse bon marché.

JULES.

Et surtout que cela soit bien doré et couvert en rouge comme le livre qu'a perdu notre bon ami.

AUGUSTE, *d'un air capable.*

J'entends... en maroquin.

CASIMIR, *comptant dans sa main.*

Quinze, seise et dix-sept sous. Voilà pourtant tout ce qui me reste : ce n'est pas trop pour voyager dans les pays étrangers.

JULES.

Tu songes donc toujours à t'en aller de chez ton père ?

CASIMIR.

Pardi ! c'est pour cela que j'avais fait, depuis deux mois, un petit boursicaut.

AUGUSTE.

En ce cas, il fallait garder ton petit écu.

CASIMIR.

Moi ne pas cotiser avec vous ! Tout ce qu'il y a, c'est que je ne pourrai pas vous payer de gâteaux à la barrière.

JULES.

Nous aimons bien mieux offrir à monsieur Berquin... Ah, le voici : pas un mot de sa fête, entendez-vous.

SCENE VIII.

LES PRÉCÉDENS, BERQUIN.

BERQUIN.

Bonjour, mes petits amis.

JULES.

J'ai été deux fois ce matin pour vous embrasser, mais j'ai vu par le trou de la serrure que vous étiez à travailler.

AUGUSTE.

Vous acheviez peut-être votre comédie de *la petite Glaneuse*, dont vous nous lûtes l'autre jour plusieurs scènes ?

BERQUIN.

Je l'ai finie hier au soir.

JULES.

La jolie pièce!... Je l'aime autant que votre *petit Joueur de Violon*.

CASIMIR.

Oh! moi, j'aime encore mieux votre *Épée de Bois* : cette plume de dindon qui, tout à coup, se trouve dans les mains de ce mauvais petit sujet qui veut faire son terrible... Je n'ai jamais pu entendre cette histoire-là sans rire.

BERQUIN, *fixant Casimir*.

J'ai commencé, il n'y a qu'un instant, un petit conte qui vous intéressera, j'en suis sûr.

AUGUSTE.

Quel est le titre, mon bon ami ?

BERQUIN, *de même*.

Le Fils Ingrat.

CASIMIR, *étonné*.

Comment donc ?

BERQUIN, *de même*.

Ecoutez :

Air du vaudeville de la Piété Filiale.

Un père, un jour avec humeur,
Corrigea son fils indocile :
Le jeune enfant voulut quitter l'asile
Où l'on formait son esprit et son cœur.

Il s'en éloigne avec mystère,
Il fuit sous un autre climat :
Mes bons amis, malheur au fils ingrat
Qui veut abandonner son père !

JULES, *bas à Casimir.*

Entends-tu, Casimir ?

BERQUIN, *de même.*

Même air.

Que de maux il eut à souffrir
Loin de la maison paternelle !
Pour mettre un terme à sa douleur mortelle,
Après deux ans on le voit revenir :
Mais son père est mort de misère.
Amis, jugez de son état !
Vous le voyez : malheur au fils ingrat
Qui veut abandonner son père !

CASIMIR, *très-ému.*

Je serais la cause... de la mort de mon père!...

BERQUIN, *affectant de l'étonnement.*

Comment donc ! est-ce que tu voulais aussi abandonner le tien ?

CASIMIR, *avec élan.*

Non, non, je ne le quitterai pas, quoique ce matin encore... il m'ait traité...

BERQUIN.

Je le verrai, ton père ; je lui parlerai, et j'ose croire qu'il ne te battra plus. Mais laissons cela : j'ai à vous proposer une partie.

AUGUSTE et JULES.

Quoi donc ? quoi donc ?

CASIMIR, *s'essuyant les yeux.*

Quoi donc, monsieur Berquin ?

BERQUIN.

Vous n'allez pas aujourd'hui à l'école ?

AUGUSTE.

C'est jour de congé.

JULES.

Hé bien ?

BERQUIN, *avec gaîté.*

Air de la veillée d'Ovinska.

Pour courir, jouer à la balle,
Je vous mène aux prés Saint-Gervais :
De petits pains, de lait tout frais,
Mes bons amis, je vous régale.
Il fait du vent,
Le cerf-volant
Dans les airs fera sa tournée,
Et nous n'oublierons rien
Pour bien
Egayer la journée.

TOUS.

Il fait du vent, etc.

BERQUIN.

Hé bien, partons-nous ?

JULES.

Quoi ! tout de suite ?

CASIMIR, *bas à Jules.*

Et les bouquets ? et le livre de maroquin ?

JULES.

(A Casimir.) Paix donc. *(A Berquin, avec embarras.)* Nous ne pouvons pas partir à l'instant, bon ami... nous avons affaire.

BERQUIN, *jouissant de leur embarras.*

Est-ce quelque chose de bien important ?

AUGUSTE.

Oh ! oui, de bien important !

BERQUIN.

Pouvez-vous me mettre dans le secret? *(Les enfans se font des signes.)* Non, non; je vois que cela ne doit point me regarder.

CASIMIR, *étourdiment.*

Pardonnez-moi, monsieur Berquin.

AUGUSTE.

Mais ce ne sera pas long, allez : nous revenons dans l'instant. Viens, Casimir; *(Bas.)* courons vîte acheter le livre.

JULES, *bas aux deux autres.*

N'oubliez pas les fleurs.

(Auguste et Casimir sortent.)

SCENE IX.

BERQUIN, JULES.

BERQUIN.

Hé bien, Jules, tu ne vas donc pas avec tes petits camarades?

JULES.

Maman m'a dit de les attendre.

BERQUIN.

Est-elle toujours triste et rêveuse, ta maman?

JULES.

Toujours.

BERQUIN.

Elle a donc des chagrins?

JULES.

Oh! oui, beaucoup.

BERQUIN.

De quel pays êtes-vous?

JULES.

Nous sommes de Tours.

BERQUIN.

Et ton père ?

JULES.

Papa ? je crois qu'il était de Paris.

BERQUIN, *frappé.*

De Paris ! et vous de Tours!... Comment se nommait ton père ?

JULES.

Je l'appelais comme vous : mon bon ami. Oh ! nous sommes bien à plaindre !

BERQUIN.

Conte-moi... conte-moi tout cela. *(Il s'assied, et le prend sur ses genoux.)*

JULES.

ROMANCE.

PREMIER COUPLET.

Ici, j'ai, d'être entendu,
Une peur mortelle :
Maman m'a bien défendu
De jaser sur elle.
Je ne vous dirais rien aussi,
Si vous n'étiez mon bon ami.

BERQUIN.

Hé bien ?

JULES.

SECOND COUPLET.

Papa, maman, poursuivis
Par un sort barbare,
Parlaient souvent de Paris
Et d'un père avare.
(Mouvement de Berquin.)
Ils gémissaient,
S'attendrissaient ;
Pour moins souffrir me caressaient.

BERQUIN.

Après ? après ?

JULES.

TROISIEME COUPLET.

Un jour papa s'endormait ;
Maman, en alarmes,
Fut l'embrasser, et se mit
A verser des larmes.
Nous l'appelions : vœux superflus !
Car il ne se réveilla plus.

BERQUIN.

Et puis ?

JULES.

Et puis nous sommes partis de Tours dans une charrette qui était dure.... ah !... et puis, au bout de dix jours, toujours avec le même cheval qui n'en pouvait plus, nous sommes arrivés ici à l'hôtel du Croissant : et puis maman a apporté un papier écrit de la main de papa, qui, à ce qu'elle dit, doit nous rendre heureux. *(Tirant un écrit de son sein.)* Le voilà, ce papier. *(Il le remet à Berquin.)*

BERQUIN.

Quoi ! tu l'as pris !

JULES.

Pardi, maman pleure toujours en le lisant : je veux la consoler, elle pleure encore davantage.... Ma foi, ce matin, le petit carton bleu était ouvert, j'ai aperçu ce maudit papier, et, tandis que maman était à l'ouvrage, je l'ai tiré tout doucement, et l'ai caché sous ma veste, bien déterminé à ne le rendre à maman que quand elle me promettra de ne plus avoir de chagrin.

BERQUIN.

Et l'as-tu lu, ce papier ?

JULES.

Non, bon ami. Ce n'est pas que je n'en aie eu bien envie ; mais peut-être cela serait-il mal.

BERQUIN.

Oui, très-mal.

AIR: *Je suis Lindor.*

C'est, mon ami, le secret de ta mère :
Un secret, Jule!.... Ah! sache, tôt ou tard,
Le bien garder lorsque l'on t'en fait part;
Le respecter si l'on t'en fait mystère.

Tiens, reprends ce papier, et remets-le à sa place, sans que ta mère....

JULES, *au moment de reprendre l'écrit, aperçoit sa mère.*

La voici.

BERQUIN.

Hé bien, reprends donc ce papier. *(Jules court au-devant de sa mère. Berquin embarrassé, serre l'écrit dans son sein.)*

SCENE X.

LES PRÉCÉDENS, Mad. PAUL.

JULES.

Te voilà, maman; je puis maintenant rejoindre Auguste et Casimir.

Mad. PAUL.

Comme tu voudras.

JULES, *bas à sa mère.*

Tu sais bien pourquoi ils m'attendent; ne le dis pas à monsieur Berquin.

Mad. PAUL.

Sois tranquille.

SCENE XI.

BERQUIN, Mad. PAUL.

BERQUIN, *à part.*

Eclaircissons mes doutes.

Mad. PAUL.

Vous étiez encore avec Jules.

BERQUIN.

J'avouerai que, de tous mes petits amis, c'est celui que je chéris le plus.

Mad. PAUL.

Combien je suis sensible à ce que vous faites pour lui !

AIR : *Amour aux cœurs les plus fidèles.*

Ah ! comment jamais reconnaître
Vos bontés, vos soins généreux ?
Que Jules ressemble à son maître,
Voilà le plus doux de mes vœux.
Vous changez en un sort prospère,
L'arrêt d'un rigoureux destin :
Et l'enfant privé de son père,
Près de vous n'est plus orphelin.

BERQUIN.

Mais il me semble qu'il ne tiendrait qu'à vous d'améliorer votre sort, et de rendre à votre fils un véritable père.

Mad. PAUL.

Comment cela ?

BERQUIN, *souriant.*

Monsieur Renaud....

Mad. PAUL.

Expliquez-vous.

BERQUIN.

Laisse entrevoir pour vous l'intérêt le plus vif.

Mad. PAUL, *vivement.*

Vous croyez?

BERQUIN.

Il pourrait réparer envers vous les torts de la fortune.

Mad. PAUL.

Oh, sans doute; *(Se reprenant.)* mais il est des obstacles...

BERQUIN.

Hé pourquoi ? Monsieur Renaud est propriétaire de cet hôtel : il amasse chaque jour; il est veuf depuis long-tems, vous êtes libre , et peut-être un mariage...

Mad. PAUL.

Ah ! que vous êtes loin de savoir ce qui se passe dans mon cœur !

BERQUIN.

Comment ! votre cœur en préférerait-il un autre?... Peut-être monsieur Alexandrin...

Mad. PAUL.

Vous ne pouvez le croire.

BERQUIN.

Vous avez plus d'une fois fait quitter à sa muse le cothurne tragique : il vous a fait des élégies , où les déclarations les plus pathétiques...

Mad. PAUL.

Ne parlons plus de lui , je vous prie.

BERQUIN.

Ne vous étonnez pas de toutes ces questions, elles ne me sont inspirées que par le sentiment le plus vrai. *(Il lui prend une main : madame Paul est embarrassée.)* Ne craignez rien, ce n'est pas de l'amour : l'amour est trop orageux pour moi; il détruirait le plan que je me suis formé ; il nuirait à mes occupations chéries... Non, je n'ai pour vous que de l'amitié;

mais l'amitié la plus sincère, qui voudrait être chargée du soin de vous rendre au bonheur.

Mad. PAUL.

On ne l'espère plus quand on a perdu, comme moi, ce que l'on avait de plus cher; lorsque des parens injustes désapprouvent des nœuds que légitima l'amour; lorsque leur abandon, leurs mépris outrageans... Oh! j'ai eu bien des malheurs,... et ne crois pas les avoir mérités.

BERQUIN.

Vous, madame Paul?

AIR : *Ne fais pas un crime à mon cœur.*

Si l'on pouvait mettre en faveur
Et le mérite et l'innocence;
Si la beauté, si la candeur
Obtenait une récompense;
Pour réparer plus d'une erreur,
Si la fortune généreuse
Aux vertus donnait le bonheur,
Ah! combien vous seriez heureuse!

Oui, tout me fait espérer que vos chagrins finiront, et que je pourrai peut-être moi-même y contribuer.

Mad. PAUL.

Une ressource me reste.

BERQUIN.

Laquelle?

Mad. PAUL.

Mon époux m'a laissé une lettre adressée à son père: (*Mouvement de Berquin.*) elle seule peut faire connaître mon véritable nom, attendrir le vieillard inflexible, lui prouver que la malheureuse Clémence...

BERQUIN.

Pourquoi n'avoir pas encore remis cette lettre?

Mad. PAUL.

Je n'en ai trouvé jusqu'ici ni l'occasion, ni le courage.

BERQUIN.

Cependant il faudrait...

Mad. PAUL.

Voici monsieur Renaud.

BERQUIN, *à part.*

Mes doutes étaient fondés : continuons mes épreuves.

SCENE XII.

LES PRÉCÉDENS, RENAUD, *habillé.*

RENAUD, *parlant à quelqu'un dans la coulisse.*

Je ne veux pas qu'ils remettent les pieds chez moi.

BERQUIN.

A qui en avez-vous, mon cher hôte ?

RENAUD.

A ces petits étourdis que vous attirez ici tous les jours.

BERQUIN.

Mes petits amis ?

RENAUD.

Ils détruisent tout dans mon jardin... Ce matin encore, le seul pommier qui m'eût rapporté cette année... *(Il le désigne.)*

BERQUIN.

Et pour cela vous défendez au portier de les laisser entrer ?

RENAUD.

Sans doute. *(Vers la coulisse.)* Entends-tu, Jacques, je te défends d'en laisser entrer aucun, ou je te chasse toi-même, et te retiendrai tes gages. *(Revenant.)* Je ne serai pas le maître chez moi, peut-être ! *(Apercevant madame Paul.)* Ah ! vous voilà, ma chère madame Paul ; je ne vous ai pas vue de toute la matinée.

Mad. PAUL.

J'ai été reporter à l'hôtel de Russie...

RENAUD.

Ce riche voile de vingt-cinq louis qu'on vous avait donné à raccommoder. Avez-vous été bien payée?

Mad. PAUL.

Je ne suis pas exigeante.

RENAUD.

Vingt-cinq louis pour un voile ! peut-on prodiguer ainsi l'or !

BERQUIN, *gaîment.*

Vous n'aimez pas les voiles, monsieur Renaud?

AIR : *Dans ce salon où du Poussin.*

Vous craignez qu'à vos yeux distraits
Cette parure, qui vous blesse,
Ne dérobe quelques attraits
Que vous fixez avec ivresse.
Mais, mon cher, rassurez-vous bien
Sur cette nouveauté commode :
C'est depuis qu'ils ne voilent rien,
Que les voiles sont à la mode.

Mad. PAUL.

Mon fils vous a porté ce matin votre tasse de café ?

RENAUD.

Excellent, d'honneur!... si bien que je l'ai pris sans sucre. C'est un joli enfant que votre petit Jules ! il ne casse rien, celui là !

BERQUIN, *avec intention.*

Heureux ceux qui se voient renaître dans leurs enfans! Tenez, mon cher hôte, je vous voudrais un petit-fils comme Jules. (*Mouvement de madame Paul, qui fixe Berquin.*)

RENAUD.

Je m'en passe très-bien, je vous assure : c'est aimable et soumis jusqu'à douze ans ; mais après cela... brr!... Oh ! je me souviens de monsieur mon fils !

Mad. PAUL.

Vous eûtes donc... beaucoup... à vous en plaindre ?

RENAUD.

Parbleu ! après l'avoir mis dans des pensions honnêtes, où il me coûtait par an près de vingt-huit pistoles, monsieur s'avise de voyager ! s'arrête à Tours, s'y prends de belle passion pour une jeune fille du pays, veut l'épouser, me ruine en ports de lettres, pour m'arracher mon consentement, que je refuse ; et huit jours après les vingt-cinq ans, monsieur fait la sottise de se marier !

Mad. PAUL.

Cette jeune fille avait peut-être appartenu à une famille respectable, que des malheurs...

RENAUD.

Cela se peut ; mais elle n'avait rien.

BERQUIN, *fixant madame Paul.*

Elle était sans doute bien jolie.

RENAUD.

C'est ce que m'écrivait mon fils ; mais elle n'avait rien.

Mad. PAUL.

Elle n'avait rien !

AIR : *Jetez les yeux sur cette lettre.*

Peut-être à ses devoirs fidelle,
Fuyant le mal, cherchant le bien,
Cette infortunée avait-elle
Quelques vertus... N'est-ce donc rien?
Peut-être, aimant son indigence,
Préféra-t-elle, en sa fierté,
A la honte avec l'opulence,
L'honneur avec la pauvreté.

RENAUD.

C'est encore ce que m'écrivait mon fils... Au reste, le malheureux a payé sa sottise, il n'est plus ! *(Mouvement de madame Paul.)*

BERQUIN, *interrompant Renaud qui fixe madame Paul.*

Ne m'avez-vous pas dit, mon cher hôte, qu'il avait laissé un fils ?

RENAUD.

Oui, qui doit avoir à présent six à sept ans.

BERQUIN.

Et vous ne l'avez jamais vu?

RENAUD.

Jamais. J'ai bien cherché à le faire venir auprès de moi; mais la mère n'a pas voulu s'en séparer.

Mad. PAUL, *s'oubliant.*

Pourrait-on lui en faire un crime!

BERQUIN, *à part.*

C'est elle.

Mad. PAUL.

AIR: *Respectez les maux, les ennuis.* (De la Matrone.)

L'époux dont son cœur est épris,
Auprès d'elle perd l'existence;
De sa veuve par des mépris
On augmente encor la souffrance!
Un fils lui reste; on ne veut pas
Qu'il calme sa douleur amère:
Elle n'est plus épouse, hélas!
L'empêchera-t-on d'être mère?

RENAUD.

On voit bien que vous l'êtes: tudieu! quel feu vous prenez! Je ne veux cependant pas que vous me croyez un père dénaturé: apprenez donc que j'ai voulu leur faire parvenir des secours; j'avais chargé un correspondant sûr, que j'ai à Tours, de leur compter par mois une somme, modique à la vérité, mais suffisante, en s'assurant bien qu'ils l'emploieraient utilement: il m'a mandé que depuis six mois la mère et l'enfant ont quitté le pays.

Mad. PAUL.

Bientôt, peut-être... ils se présenteront ici.

RENAUD, *brusquement.*

Je ne veux pas les voir.

BERQUIN.

Si votre petit-fils paraissait devant vous?

RENAUD.

Je le chasserais.

BERQUIN.

Quoi! sa voix suppliante, ses innocentes caresses...

RENAUD.

Bah! bah!

Mad. PAUL.

Les maux qu'il a déjà soufferts, sa ressemblance avec votre fils, ne pourraient...

RENAUD.

Non, non.

BERQUIN.

Vous le chasseriez?

RENAUD.

Sans doute.

BERQUIN.

Vous le forceriez donc d'aller implorer une assistance étrangère, de fatiguer la pitié...

RENAUD, *un peu ému.*

Hé bien, je le... oui... je le... Eh! de quoi diable aussi vous mêlez-vous? *(Ici Alexandrin paraît.)* Ah! voilà monsieur Alexandrin : *(A part.)* il arrive fort à propos.

SCENE XIII.

LES PRÉCÉDENS, ALEXANDRIN.

RENAUD.

Hé bien, monsieur Alexandrin, êtes-vous content de la recette de *Numa Pompilius?*

Air : *De la vigne à Claudine.*

Les trésors du Mexique
Vont-ils vous acquitter?

ALEXANDRIN.

Avec l'auteur tragique
Devrait-on plaisanter?
Je vais payer ma dette :
Mais souvenez-vous bien
Qu'avec un vrai poëte
L'on ne perd jamais rien.

Voici votre argent. *(Il lui remet de l'argent enveloppé de papier.) (A Berquin.)* Monsieur, je vous salue.

RENAUD, *comptant.*

Trente-six, quarante-deux.

BERQUIN, *à Alexandrin.*

Je n'ai pu assister à la première représentation de votre tragédie ; mais je me réserve pour la seconde.

RENAUD, *toujours comptant.*

Vous attendrez peut-être long-tems... Cinquante-quatre, soixante.

ALEXANDRIN, *à madame Paul, rêveuse et fixant Berquin.*

Toujours belle, toujours rêveuse, charmante voisine.

Mad. PAUL.

Qui...moi?

RENAUD, *toujours comptant.*

Et les quatorze sous?... Ah, les voici.

ALEXANDRIN, *à madame Paul.*

La mélancolie vous sied à merveille.

RENAUD, *à madame Paul.*

Madame Paul voudrait-elle me rendre un service?

Mad. PAUL, *vivement.*

Parlez, ordonnez, disposez de moi.

RENAUD.

On m'offre un prix tout à fait raisonnable des dentelles de feue madame Renaud ; et je ne voudrais pas consommer le marché avant de vous les faire estimer.

Mad. PAUL.

Je vous suis.

(Renaud lui prend la main, et la passe sous son bras.)

BERQUIN.

Mon cher hôte, n'oubliez pas l'entretien que nous venons d'avoir sur votre fils.

RENAUD, *quittant brusquement le bras de madame Paul, et tirant Berquin à l'écart.*

Sérieusement... est-ce que vous seriez chargé par sa veuve...

BERQUIN.

Je ne puis m'expliquer encore.

RENAUD, *reprenant le bras de madame Paul.*

(A Berquin.) Je ne veux pas la voir... entendez-vous ! *(A madame Paul.)* Venez, madame Paul. *(A Berquin.)* C'est elle qui a séduit mon fils, qui a causé sa perte : que jamais elle ne paraisse devant mes yeux, je ne veux pas qu'elle mette les pieds chez moi... Venez, ma chère madame Paul... venez.

(Madame Paul sort avec Renaud, en fixant Berquin avec inquiétude.)

SCENE XIV.

BERQUIN, ALEXANDRIN.

BRRQUIN, *à part.*

L'intéressante créature ! que je m'applaudis de l'avoir devinée !

ALEXANDRIN, *d'un air capable.*

Hé bien ! comment vont les idylles?

BERQUIN.

Mais aussi bien que les tragédies.

ALEXANDRIN.

Vous entretenez-vous toujours avec vos petits enfans ?

BERQUIN.

Continuez-vous toujours votre commerce avec les dieux ?

ALEXANDRIN.

Vous nous préparez sans doute quelque nouvelle petite historiette ?

BERQUIN.

Vous nous enrichissez bientôt d'un poëme épique?

ALEXANDRIN.

Vous aimez à badiner avec le naturel.

BERQUIN.

Et vous à vous perdre... dans le sublime.

ALEXANDRIN.

Mon genre étonne, épouvante.

BERQUIN.

Le mien amuse et console.

ALEXANDRIN.

Quand je m'élève vers les cieux, on m'admire, et l'on ne saurait m'atteindre.

BERQUIN.

Quand je parcours quelques vallons, chacun peut être du voyage.

ALEXANDRIN.

AIR : *Celui dont la main récompense.*

Vous tracez des scènes bourgeoises
En prose obscure, en vers légers ;
Et vos musettes villageoises
Ne conviennent qu'à des bergers.
Par notre extase pindarique,
Vainqueur de la postérité,
Le héros reçoit du tragique
Un brevet d'immortalité.

BERQUIN.

AIR : *Quand l'amour nacquit à Cythère.*

Vous voulez marquer dans l'histoire :
Moi, plus utile que fâmeux,
Je préfère, aux soins de la gloire,
L'art plus modeste d'être heureux.
Vos héros dédaignent les nôtres ;
Mais convenez de mon bonheur :
Tandis que vous rêvez aux vôtres,
Je presse les miens sur mon cœur.

ALEXANDRIN.

Comment, monsieur ! vous prétendriez prouver....

BERQUIN.

Que chaque genre a son mérite... Mais pardon... je suis occupé d'un objet important.

ALEXANDRIN.

Je serais navré de vous troubler dans vos profondes méditations. Moi-même je vais achever un dithyrambe.

Air du vaudeville de l'Officier de Fortune.

Adieu, doux ami de l'enfance.

BERQUIN.

Adieu, Sophocle de nos jours.

ALEXANDRIN.

Soupirez-nous une romance.

BERQUIN.

Frappez, effrayez-nous toujours.

ALEXANDRIN.

Les prés et les bois vous demandent.

BERQUIN.

Hâtez-vous de monter aux cieux

ALEXANDRIN.

Vos petits enfans vous attendent.

BERQUIN.

Ne faites pas languir les dieux. } *bis.*

(Alexandrin rentre dans le pavillon.)

SCENE XV.

BERQUIN, *seul.*

Le sort de cette jeune femme m'intéresse et me tourmente. *(Tirant l'écrit de son sein.)* Elle est loin de se douter que le hasard m'ait forcé d'être dépositaire de cette lettre : elle doit, si j'en crois madame Paul, attendrir le vieillard. Voyons un peu par quels moyens.... sans blesser la délicatesse.... Hé ! mais... saisissons cette idée.

(Il serre le papier dans son sein.)

SCENE XVI.

BERQUIN, JULES. *(Il porte un bouquet enveloppé dans un cornet de papier.)*

JULES, *apercevant Berquin, et cachant son bouquet derrière lui.*

Ah ! c'est vous, bon ami.

BERQUIN.

Qu'as-tu, Jules? Tu parais ému, embarrassé.

JULES.

C'est que je cherchais.... Non, non, je voulais.

BERQUIN.

Explique-toi.

JULES.

Est-ce bien vrai ce que m'a dit le portier?

BERQUIN.

Quoi donc?

JULES.

Que monsieur Renaud ne veut plus qu'Auguste et Casimir reviennent ici?

BERQUIN.

Il n'est que trop vrai.

JULES.

Ah! mon dieu ! mon dieu! comment ferons-nous?

BERQUIN.

Rassure-toi; je ferai lever la défense.

JULES, *vivement.*

Tout de suite, bon ami; car nous avons ici un rendez-vous.

BERQUIN, *souriant.*

Ah! vous avez ici un rendez-vous!

JULES, *à part.*

Il ne se doute de rien.

BERQUIN, *à part.*

Feignons de tout ignorer.

JULES.

Faut-il que ce soit au moment... Auguste et Casimir n'oseront jamais se montrer.

SCENE XVII.

LES PRÉCÉDENS, CASIMIR, AUGUSTE.

CASIMIR, *paraissant au-dessus du mur du fond, un bouquet entre les dents.*

Hé! Jules?

JULES.

Tiens, voici Casimir.

BERQUIN, *courant vers Casimir qui est à califourchon sur le mur.*

Attends donc, petit étourdi. *(Lui soutenant un pied sur son épaule.)* Prends bien garde.

AUGUSTE, *paraissant au-dessus du mur à quelque distance de Casimir, aussi un bouquet à la bouche.*

Hé! Casimir? Où es-tu donc?

JULES, *sautant de joie.*

Tiens, voilà l'autre!

BERQUIN, *à Auguste, soutenant toujours Casimir.*

Ne descends pas seul. *(A Casimir.)* Appuie-toi sur mon bras. *(A Auguste qui fait quelques mouvemens pour descendre.)* Mais attends donc. *(A part.)* S'ils allaient se blesser ! *(A Auguste.)* Je suis à toi. *(A part.)* Oh ! mon dieu, s'ils allaient se blesser ! *(Il dépose Casimir à terre, et court vers Auguste.)* Mets ton pied sur mon épaule.

AUGUSTE.

Oh! monsieur Berquin, je gâterais votre habit.

BERQUIN.

Aimes-tu mieux te rompre le cou ? *(Il le dépose à terre.)*

CASIMIR.

Je savais bien, moi, que malgré le bon homme....

AUGUSTE.

Nous empêcher de venir !

CASIMIR.

Nous serions plutôt descendus par-dessus les toits.

JULES, *bas à Casimir et à Auguste.*

Cachez donc vos bouquets.

BERQUIN, *à part, en souriant.*

Excellente précaution !

AUGUSTE.

Monsieur Renaud s'imaginait qu'en nous défendant sa porte....

CASIMIR.

Oui, mais le jardin de notre hôtel qui n'est séparé de celui-ci que par ce mur, et tout juste un espalier... on grimpe là-dessus comme sur une échelle.

AUGUSTE.

Ah ! le bon tour !

LES TROIS ENFANS, *riant aux éclats.*

Ah ! ah ! ah ! le bon tour ! le bon tour ! Ah ! ah ! ah !

SCENE XVIII ET DERNIÈRE.

LES PRÉCÉDENS, ALEXANDRIN, *à sa fenêtre en petit claque de cuir, et en gilet d'indienne*; RENAUD, Mad. PAUL.

ALEXANDRIN.

Quel vacarme, grands dieux ! on dirait que l'Etna....

RENAUD, *à Auguste et Casimir.*

Encore ici, petits drôles ! Vous avez osé forcer ma porte !

CASIMIR.

Ah bien oui, votre porte !

RENAUD.

Allons, sortez.

BERQUIN.

Calmez-vous, je vous en prie.

RENAUD.

Sortez, vous dis-je !

CASIMIR.

AIR : *La fille au coupeur de paille.*

C'est en vain qu'on nous arrête,
Nous bravons votre courroux :
De notre ami c'est la fête,

(Les enfans montrent tous leurs bouquets. Alexandrin se retire de la fenêtre.)

Nous la célébrerons tous.

JULES, *donnant à Renaud la moitié de son bouquet.*

Voici des fleurs pour vous :
Allons, que chacun s'apprête,
Dans des momens si doux,
A le fêter avec nous.

TOUS, *excepté Berquin.*

Voici des fleurs pour { vous.
nous.

Allons, que chacun s'apprête,
Dans des momens si doux,

A le fêter avec { nous.
vous.

RENAUD.

Ah ! c'est la fête de monsieur Berquin : c'est très-différent.

AUGUSTE, *bas à Jules, en lui glissant les fables de la Fontaine.*

Tiens, voici le livre.

JULES, *glissant à Auguste un papier ouvert.*

Souffle-moi bien.

ALEXANDRIN, *à part, en arrivant.*

Ne louons pas trop, mais soyons honnête.

JULES, *présentant à Berquin les fables de la Fontaine... Auguste le souffle.*

AIR : *L'amour aura soin de t'instruire.*

Par hasard ce bon la Fontaine
S'était égaré loin de vous :
Nous l'avons rencontré sans peine,
Et le ramenons avec nous.
De son absence tout m'assure
Que vous aviez quelque chagrin :
L'ami constant de la nature
Doit être l'ami de Berquin.

AREXANDRIN.

Pas mal, pas mal.

BERQUIN, *après avoir serré dans ses bras les trois enfans.*

Mes chers petits amis, vous ne pouviez me faire un don plus agréable. Mais, dis-moi, Jules, qui t'a fait ce couplet ?

AUGUSTE.

Mon cousin le libraire, monsieur Berquin. Oh! il vous aime bien.

CASIMIR, *avec étourderie.*

C'est lui qui nous a vendu le livre : il ne nous l'a pas fait cher... six francs.

JULES, *lui mettant la main sur la bouche.*

Tais-toi donc.

RENAUD, *présentant des fleurs à Berquin.*

Recevez aussi ma petite offrande.

CASIMIR, *voyant Alexandrin cueillir une violette.*

Tiens, une seule violette!

ALEXANDRIN.

Taisez-vous, petit. *(Il tousse.)*

RENAUD, *à tout le monde.*

Chut.

ALEXANDRIN, *présentant une violette à Berquin.*

Ainsi que cette fleur simple, utile et modeste,
Fuyez un vain éclat... les dieux feront le reste.

Mad. PAUL, *à Berquin, en lui présentant un souvenir d'amitié.*

A mon tour.

Air du vaudeville de l'Abbé Pellegrin.

Dans vos écrits ingénieux,
En promenant vos rêveries,
Vous trouvez mille traits heureux,
Mots charmans, naïves saillies.
L'esprit ne peut tout retenir...
Ah! pour ne rien perdre du vôtre,
Tracez-les dans ce souvenir;
Ils seront gravés dans le nôtre.

BERQUIN, *baisant la main de madame Paul.*

Je tâcherai de justifier ce don.... Puisque nous sommes ainsi réunis, j'ai envie de vous réciter.... il faut toujours que je conte :... moi, je suis d'ailleurs curieux de savoir l'effet que je produirai sur vous.

CASIMIR.

Un conte!

LES TROIS ENFANS.

Un conte! un conte!

ALEXANDRIN, *s'éloignant*

Je ne m'occupe jamais de fabliau.

RENAUD.

Hé! pourquoi donc? Monsieur Berquin conte à merveille.

BERQUIN, *à Alexandrin.*

Restez, de grâce, monsieur Alexandrin; j'ai besoin de vos avis.

ALEXANDRIN, *se gourmant.*

Ah! bien volontiers.

JULES.

Commencez donc, bon ami.

BERQUIN, *récitant.*

La Réconciliation.

La jeunesse est l'âge des passions. Confiance et bonté pour l'aider à les combattre... indulgence et pardon, quand elle ne peut les vaincre.

Un jeune homme, né avec une imagination ardente, contrarié dans ses goûts par un père respectable, mais un peu plus qu'économe, quitta le toit paternel, et porta loin de Paris sa vague inquiétude. Il s'arrêta dans ce beau pays appelé le jardin de la France.

Mad. PAUL, *à part, avec émotion.*

Que veut-il dire?

BERQUIN, *continuant*

L'amour l'y attendait : il lui fit rencontrer une jeune infortunée, belle, vertueuse; ce qui est plus encore, il l'aima... Qui ne l'eût aimée!... et fut payé du plus tendre retour. Pour la posséder, il fallait être son époux : il sollicita l'aveu de son père, éprouva un refus opiniâtre, osa le braver... Le mariage fut conclu.

RENAUD, *à part.*

Où diable en veut-il venir ? (*Agitation de madame Paul.*)

BERQUIN, *continuant.*

On ne méconnaît jamais impunément les droits sacrés de la nature : cet hymen ne fut pas heureux ; les chagrins, la misère et l'abandon firent périr le jeune époux. Il ne laissa à sa veuve que sa mémoire, un fils âgé de six ans....

JULES.

C'est comme nous, maman.

BERQUIN.

Et surtout une lettre pour son père. Ecoutez... (*Il la tire de son sein. Inquiétude de Jules.*) écoutez... (*Il lit en s'adressant à Renaud.*)

« MON PÈRE,

« Je vais quitter la vie, et vous ne m'avez point par-« donné !...

Mad. PAUL, *dans la plus grande agitation.*

Monsieur Berquin !

(*Renaud, stupéfait, fixe la mère et l'enfant.*)

BERQUIN, *continuant.*

« Je dépose dans votre sein tout ce que j'ai de plus cher, « mon épouse et l'unique fruit de notre union. En voyant « Clémence, vous excuserez mon amour ; quand vous con-« naîtrez son cœur, vous oublierez mes torts. Adieu... adieu, « mon père ! Une caresse à Jules, un regard à Clémence, « et peut-être une larme à l'infortuné

PAUL RENAUD.

RENAUD, *arrachant la lettre des mains de Berquin.*

Oui, c'est bien là son écriture.

(*Moment de silence, embarras varié des personnages.*)

CASIMIR.

Eh ! comment tout ça finit-il donc ?

BERQUIN, *fixant Renaud.*

Le père est ému malgré lui : il hésite encore ; le pardon est prêt à sortir de sa bouche. Clémence respire à peine ; elle va tomber aux pieds du vieillard... (*Il la pousse avec Jules vers Renaud.*)

RENAUD, *tendant les bras à madame Paul et à Jules qui s'y précipitent.*

Mes enfans ! *(Tableau.)*

BERQUIN, *fixant Alexandrin.*

Et le conteur, ivre de joie, prouve au plus incrédule que son genre, que l'on dédaigne, est quelquefois utile à la société.

ALEXANDRIN.

On dirait le vieux Priam recevant le petit Astianax des mains de la belle Andromaque.

RENAUD.

Hé quoi ! Jules, tu es mon fils ! vous, madame Paul, cette Clémence !... Pourquoi avez-vous tardé si long-tems à vous faire reconnaître ?

Mad. PAUL.

Vous étiez si prévenu contre nous !

RENAUD.

Vous me consolerez de la perte de mon fils ! . . . Oh ! nous ne nous quitterons plus !...

Mad. PAUL, *à Renaud.*

Ah ! monsieur !.. Ah ! mon père ! Mais monsieur Berquin... dites-moi comment ce papier... *(Jules fait des signes à Berquin.)*

BERQUIN.

Vous le saurez, et j'espère que vous me pardonnerez mon indiscrétion.

Mad. PAUL, *à Berquin.*

Air de Doche.

Comme vous, il faudrait peut-être
Beaucoup d'indiscrets généreux,
Cherchant, dans l'art de nous connaître,
Les moyens de nous rendre heureux.
Berquin donne, au siècle où nous sommes,
L'exemple des soins bienfaisans :
Il est vraiment l'ami des hommes,
Comme il est l'ami des enfans.

VAUDEVILLE.

Air de Wicht.

BERQUIN.

Nous sommes tous de vieux enfans,
Que la raison ne peut conduire :
Il faut savoir charmer nos sens,
Pour avoir l'art de nous instruire.
En voilant la moralité,
Sur le cœur de l'homme je compte :
Pour lui dire la vérité,
Esope avait besoin d'un conte.

AUGUSTE, *à Casimir.*

Apprends ce qu'hier on m'a dit :
Garde-toi d'aimer une femme ;
C'est un être méchant, maudit,
Né pour le malheur de notre ame :
Son regard est doux, mais trompeur.

CASIMIR.

Sur de pareils propos tu comptes !...
Aux enfans pour leur faire peur,
On s'amuse à faire des contes.

JULES, *à Madame Paul.*

Le conte de mon bon ami
M'a rendu l'ame satisfaite :
L'entendrons-nous encore ici ?
Maman, crois-tu qu'il le répète?

Mad. PAUL.

Nos juges vont donner leur voix,
Sur leur indulgence je compte..
(Au public.)
Souffrez qu'en ces lieux, quelquefois,
Berquin nous répète son conte.

FIN.

PIÈCES NOUVELLES

Qui se trouvent chez le même libraire.

Abbé (l') Pellegrin, ou la manufacture de vers, vaudeville en un acte.

Allez voir Dominique, vaudeville en un acte.

Adélaïde de Bavière, drame en trois actes.

Arvire et Evelina, opéra en trois actes.

Banqueroute (la) du Savetier, vaudeville en un acte.

Béniowski, opéra en trois actes, de Duval.

Billet (le) de Logement, vaudeville en un acte.

Café (le) d'une petite Ville, comédie en un acte, en vers.

Christophe Morin, ou que je suis fâché d'être riche, vaudeville en un acte.

Colombine toute Seule, vaudeville en un acte.

Confident (le) par hasard, comédie en un acte, du théâtre Français.

Crac (M. de) dans son petit castel, comédie en un acte, en vers.

Défiance et Malice, ou le prêté rendu, comédie en un acte, en vers.

Délire, (le) opéra en un acte.

Double Assaut, (le) comédie en un acte.

Duhaucours, comédie en cinq actes, de Picard.

Estelle, ou la coupable innocente, comédie en trois actes, en vers.

Fagotin, ou l'espiègle de l'île Louviers, vaudeville en un acte.

Frères, (les Deux) comédie en quatre actes, en prose, de Patrat.

Galand Savetier, (le) vaudeville.

Georges et Pauline, vaudeville en un acte.

Guillaume, (M.) vaudeville en un acte.

Héroïne (l') de Boston, pantomime en trois actes.

Heure (une) d'Absence, comédie en un acte.

Homme (l') à trois visages, drame en trois actes.

Homme (les) de la Nature et les Hommes Policés, pantomime en trois actes.

Il est arrivé, ou M. de Kergalet, en un acte, en vers.
l'Irato, opéra en un acte.
Jean Monnet, directeur de l'Opéra-Comique, vaudeville.
Jolie (la) Parfumeuse, ou la robe de conseiller, vaudeville en un acte.
Kosmouck, ou les Indiens à Marseille, comédie en cinq actes.
Mari (le) d'emprunt, opéra en un acte.
Marchés (les) de Philis, vaudeville en un acte.
Mur, Mitoyen (le) vaudeville.
Muses (les) éplorées, vaudeville en un acte.
Oncle (l') et le Valet, opéra en un acte, de Duval.
Papirius, ou les femmes telles qu'elles étaient, vaudeville en un acte.
Petite (la) Ville, comédie en quatre actes, de Picard.
Portraits (les) au Salon, vaudeville en un acte.
Premier (le) Venu, comédie en trois actes.
Prétendus, (les) opéra en deux actes.
Prisonnier (le) à Londres, vaudeville en un acte.
Revue (la) de l'an IX, vaudeville en un acte.
Rosaure, ou les nouveaux malheurs du petit Poucet, comédie en trois actes.
Rupture (la) embarrassante, comédie en un acte.
Ruse (la) déjouée, comédie en trois actes, de Dumaniant.
Sophie et Derval, ou la comtesse trompée, vaudeville en un acte.
Tiens bon, tu l'auras, ou le parasite, vaudeville en un acte.
Trente et Quarante, opéra en un acte, de Duval.
Vierges (les) du Soleil, pantomime en trois actes.
Vieux (le) Major, vaudeville en un acte.
Ville (la) et le Village, vaudeville en un acte.

www.ingramcontent.com/pod-product-compliance
Ingram Content Group UK Ltd.
Pitfield, Milton Keynes, MK11 3LW, UK
UKHW021948260726
13994UKWH00004B/1608

9 782329 463261